Santa Bakhita do Sudão

maravilhasdedeus

Santa Bakhita do Sudão – Susan Helen Wallace
Santa Clara de Assis – Paolo Padoan
São Francisco de Assis – Mary Emmanuel Alves

SUSAN HELEN WALLACE

Santa Bakhita do Sudão

Dados Internacionais de Catalogação na Publicação (CIP)
(Câmara Brasileira do Livro, SP, Brasil)

Wallace, Susan Helen
Santa Bakhita do Sudão / Susan Helen Wallace ; [tradução Cristina Paixão Lopes].
– São Paulo : Paulinas, 2008. – (Coleção maravilhas de Deus)

Título original: Saint Bakhita of Sudan : forever free
ISBN 978-85-356-2317-8
ISBN 0-8198-7094-3 (ed. original)

1. Bakhita, Santa, 1869?-1947   2. Santos cristãos – Itália – Biografia   I. Título.
II. Série.

08-07937   CDD-270.092

Índice para catálogo sistemático:

1. Santos cristãos : Biografia   270.092

Título original: *Saint Bakhita of Sudan: forever free*

© 2006, *Daughters of Saint Paul*
Publicado por Pauline Books & Media, 50 St. Paul's Avenue, Boston, MA 02130.
Todos os direitos reservados.

Direção-geral: *Flávia Reginatto*
Editora responsável: *Luzia M. de Oliveira Sena*
Assistente de edição: *Andréia Schweitzer*
Tradução: *Cristina Paixão Lopes*
Copidesque: *Mônica Elaine G. S. da Costa*
Revisão: *Ruth Mitzuie Kluska*
Direção de arte: *Irma Cipriani*
Gerente de produção: *Felício Calegaro Neto*
Capa e diagramação: *Wilson Teodoro Garcia*
Ilustrações: *Wayne Alfano*

1ª edição – 2008
3ª reimpressão – 2023

Nenhuma parte desta obra pode ser reproduzida ou transmitida por qualquer forma e/ou quaisquer meios (eletrônico ou mecânico, incluindo fotocópia e gravação) ou arquivada em qualquer sistema ou banco de dados sem permissão escrita da Editora. Direitos reservados.

Paulinas
Rua Pedro de Toledo, 164
04039-000 – São Paulo – SP (Brasil)
Tel.: (11) 2125-3549 – Fax: (11) 2125-3548
http://www.paulinas.com.br – editora@paulinas.com.br
Telemarketing e SAC: 0800-7010081
© Pia Sociedade Filhas de São Paulo – São Paulo, 2008

1
Raptada

Talvez nunca saibamos seu nome de nascimento, nem conheceremos sua família. O que realmente podemos afirmar é que Santa Bakhita nasceu por volta de 1869, em uma pequena aldeia chamada Olgossa, no Darfur, região do Sudão. Esta aldeia, próxima das grandes montanhas Algilerei, faz fronteira com a nação africana do Chade. O Sudão é o maior país do continente africano.

Embora alguns cristãos tivessem vivido no Sudão em séculos anteriores, não existiam muitos cristãos nativos em qualquer parte da África Central na época em que Bakhita nasceu. O Papa Gregório XVI enviou missionários para a região em 1846, mas as doenças e a pobreza tornaram extremamente difícil pregar o Evangelho nessa região africana. Ao longo dos anos, muitos sudaneses, especialmente aqueles que viviam na região nordeste do país, se tornaram muçulmanos devido à influência árabe.

No Darfur, a família de Bakhita nunca tinha ouvido falar de Jesus. Os habitantes de sua tribo, pacíficos e trabalhadores, seguiam as crenças africanas. Quando era criança, Bakhita não conhecia nada de Deus, embora pressentisse que as belezas da natureza deviam ter sido criadas por um Ser Supremo.

❖ ❖ ❖

Em uma manhã luminosa e quente, as crianças de uma aldeia africana brincavam e dançavam perto das tradicionais cabanas redondas, cobertas de colmo – um material obtido de folhas e utilizado para fazer telhados. Um pouco distante dali, duas meninas, uma com sete anos de idade e outra um pouco mais velha, caminhavam juntas, alegremente, pela mata, enquanto procuravam plantas e saboreavam frutas silvestres, riam e conversavam no dialeto de sua tribo, o Daju. Nenhuma das amigas notou os dois homens estranhos que vinham na direção delas, silenciosamente. De repente, um deles bloqueou-lhes o caminho. O outro avançou por entre elas, separando-as.

– Por favor, você poderia entrar na floresta e trazer um pacote pra mim? – pediu o homem à menina mais nova, em tom amistoso. E acrescentou: – Está perto daqueles arbustos... Deixei ali por engano.

A garotinha ficou em dúvida se tinha entendido o pedido, mas apenas por um momento. Era bem-educada e queria obedecer ao estranho tão prontamente quanto faria com seus próprios pais. Sua amiga mais velha seguiu lentamente pelo caminho que conduzia à aldeia. Foi olhando para trás, esperando que sua companheira de brincadeiras se juntasse rapidamente a ela.

– Ah, não precisa se preocupar – assegurou-lhe o estranho. – Sua amiga logo alcança você!

A criança mais nova, já dentro da mata, procurava o pacote. O que poderia ser? Não havia nada nos arbustos, por isso foi mais para dentro da floresta. Ainda nada de pacote! Ficou intrigada e pensou se o estranho ficaria desapontado.

De repente, os dois homens estavam a seu lado. Ela olhou ao redor, apavorada, pressentindo algo errado. Onde estava sua amiga? Por que estava sozinha com aqueles estranhos? Um dos homens agarrou seu braço e pegou um grande punhal.

– Se gritar, você morre! – sussurrou.

A pobrezinha ficou petrificada de terror. Seus olhos escuros fixaram-se em seus raptores; ela tremia.

– Siga a gente, e rápido! – ordenou o homem com o punhal. Ela mal conseguia mexer os braços e as pernas. O segundo homem puxou uma pistola e a cutucou. Ela queria gritar, mas a voz sumiu na garganta.

Os três caminharam em silêncio. Finalmente, um dos homens perguntou:

– Qual é seu nome?

A menina o encarou. Tentou falar, mas nenhum som saiu de seus lábios.

– Parece que ela não tem nome – disse um homem para o outro. – Temos que lhe dar um. – O traço de um sorriso atravessou seu rosto. – Vamos chamá-la *Bakhita*. Quer dizer "a sortuda", em árabe. É um nome perfeito pra você! – o sorriso desapareceu. – Agora vamos!

O novo nome da criança, atribuído sarcasticamente por um mercador de escravos, acabou acompanhando-a pelo resto da sua vida. Aquela menininha assustada não poderia imaginar onde iria chegar. Por ora, ela só conseguia ver a escura floresta e os rostos ameaçadores de seus captores.

❖ ❖ ❖

Os três caminharam longa e penosamente pela noite adentro. As pernas nuas e os pés descalços de Bakhita sangravam por causa dos espinhos afiados e das pedras da trilha irregular. Pensou em seus pais, seus irmãos e irmãs, nos amigos da aldeia. "Será que estão procurando por mim? Será que vão ver as nossas pegadas? Será que vão me encontrar?"

"Se gritar, você morre!"

Ela lembrou-se do terrível dia, alguns anos antes, em que mercadores de escravos tinham atacado repentinamente sua aldeia. Várias mulheres e crianças foram capturadas, incluindo sua irmã mais velha. Naquele dia, Bakhita e alguns membros de sua família tinham ficado nos campos, fora da aldeia, mas ela não se esquecia dos lamentos e lágrimas que presenciou daqueles que retornaram e souberam da invasão. Alguns homens haviam tentado localizar os mercadores de escravos, mas não encontraram nem sinal deles. A irmã de Bakhita desapareceu para sempre.

Em um passado distante, em 1462, o Papa Pio II condenara a escravidão como um crime terrível, e muitos Papas e missionários depois dele empenharam-se para acabar com essa prática. A Grã-Bretanha assinou o Ato de Abolição da Escravatura em 1833 e, em 1856, todas as nações européias, bem como o Egito, assinaram o Tratado de Paris, que pôs fim oficialmente à escravidão. Mas ela ainda não havia acabado. Na verdade, era uma instituição em crescimento na África Central no fim do século XIX. Naquele momento crítico da vida de Bakhita, o Sudão, e em particular a região do Darfur, era especialmente visado pelos mercadores de escravos árabes, que freqüentemente invadiam pequenas aldeias. E, agora, também Bakhita tinha sido raptada!

A menininha ouviu sons estranhos vindos de longe, na floresta. Tremeu de medo. Um dos homens lhe atirou uma fatia de melancia para que comesse. Ela sentia muita sede, mas abanou a cabeça, recusando-a. Sabia que não conseguiria engolir nada, porque tinha um nó na garganta.

Lentamente, o céu noturno foi clareando. Logo cedo os mercadores de escravos conduziram Bakhita até a aldeia deles. Arrastaram a garotinha de sete anos para uma cabana e trancaram-na em um cubículo. O que iria acontecer agora?

Ela olhou a sua volta. O local estava cheio de ferramentas e sucata. O chão era de terra e o ar tinha cheiro de mofo. Uma pequena janela deixava passar um pouco de luz. Estava sozinha.

Depois de algum tempo, a porta abriu-se. Rapidamente, uma mão empurrou na direção de Bakhita um pedaço de pão de centeio e um copo com água. Além de receber um pequeno punhado de comida uma vez por dia, ela não tinha contato com ninguém. Passaram-se dias. Bakhita os contava observando a luz embaçada da janela tornar-se escuridão, e depois clarear outra vez.

Sua prisão durou mais de um mês. Ela pensava longamente em seus pais. Imaginava as cabanas simples de colmo de sua aldeia, os campos, as flores e os arbustos de frutos. Em sua mente, sentia novamente o calor do sol e a segurança do amor de sua família. "Como tenho saudade de minha mãe e meu pai, meus irmãos e irmãs... Eles são tão amorosos e bons! Quando vou poder vê-los outra vez? Será que um dia vão me encontrar e levar pra casa?"

Noite após noite, seus soluços transformavam-se em choro até que, exausta, a garotinha finalmente conseguia adormecer.

2
Rápida fuga

Uma manhã, mais cedo que de costume, a porta da cela de Bakhita se abriu com um estrondo.

– Vamos! – vociferou seu captor.

A criança foi levada a um mercador de escravos que imediatamente a comprou. Era hora de viajar outra vez. Bakhita, com outra menina um pouco mais velha, foi incluída em uma caravana de homens e mulheres escravos. Os adultos eram amarrados uns aos outros, em grupos de dois ou três. As correntes se arrastavam enquanto caminhavam. Os colares de ferro afundavam-se em seus pescoços, formando feridas dolorosas. Foram obrigados a carregar pesados fardos durante quilômetros e quilômetros.

Durante o dia as crianças não ficavam acorrentadas, mas a visão dos adultos deixava Bakhita muito triste. Ela sentia vontade de chorar, mas não se atrevia. Queria consolar e ajudar aquelas pessoas que sofriam, mas encolhia-se de medo diante da idéia do castigo que receberia.

As duas meninas caminhavam no fim da fila, perto dos mercadores de escravos. De noite, também tinham seus tornozelos acorrentados. No escuro, quando não estavam sendo vigiadas, elas cochichavam.

– Qual é seu nome? – perguntou a menina mais velha.

– Eles me chamam Bakhita. Eu vivia em Olgossa. Você sabe onde estamos agora?

– Não sei – desabafou a sua nova amiga. – Mas, se tivermos chance, vamos fugir!

Os escravos caminharam dia após dia, conduzidos pelos chicotes de seus donos. Atravessaram bosques, montanhas, vales e desertos. A cada aldeia onde chegavam, novos escravos eram acrescentados ao grupo.

Apesar do medo e da tristeza, Bakhita obrigava-se a agradecer pelas boas coisas que aconteciam a ela. Ela adorava respirar o ar fresco, olhar para o lindo céu azul e saborear a água fresca. Que dádivas eram aquelas, comparadas ao seu solitário e escuro cativeiro!

Depois de oito dias, a caravana chegou a um mercado de escravos. Ali, as pessoas capturadas seriam vendidas a vários mercadores e seguiriam caminhos diferentes. As duas meninas foram compradas juntas. Seu novo dono as levou para uma cabana pequena e escura. Mais uma vez, seus tornozelos foram acorrentados. Elas estavam tristes e assustadas. Porém, de alguma maneira, não perdiam a esperança. Muitos anos depois, Bakhita escreveria: "Deus estava olhando por nós, embora não o conhecêssemos. Ele nos deu uma oportunidade".

Um dia, seu novo dono despejou uma pilha de espigas de milho à porta da prisão provisória das garotas. Ele retirou-lhes as algemas.

– Espalhem as espigas no chão – ordenou. – Depois debulhem o milho e alimentem as mulas com ele.

As duas compreenderam e começaram imediatamente a trabalhar. O homem observou-as por algum tempo e pareceu satisfeito. Então se afastou para tratar de alguns assuntos... esquecendo-se de trancar a porta!

As crianças olharam para seus tornozelos sem corrente, depois uma para a outra. Esperaram até que os passos do dono se afastassem, então sorriram e deram-se as mãos. Tinha que ser agora!

Dirigiram-se para a porta, cuidadosamente, e olharam à volta com atenção. Não havia ninguém à vista! Sendo assim, desataram a correr até chegar à floresta. Logo que se embrenharam ali, diminuíram o passo. Embora não soubessem aonde ir, sentiam-se protegidas pelas grandes árvores e pela vegetação fechada.

O crepúsculo escureceu a mata, enquanto a noite se aproximava. Elas forçaram os olhos para enxergar por onde seguir. Estavam muito contentes por se verem livres, mas ao mesmo tempo bastante assustadas. Que lugar era aquele? Qual a direção de casa? Haveria aldeias ali perto?

Até de madrugada as crianças continuaram andando. Por um instante, ouviram o estalido de ramos secos sendo pisados. Os sons foram se aproximando. As garotas pararam, paralisadas de medo. Instintivamente, correram para uma árvore e escalaram seu tronco. Agachadas e imóveis entre as folhas, viram, aterrorizadas, um leão parar e cheirar o tronco da árvore, antes de prosseguir para dentro da floresta escura. As meninas esperaram até quase o amanhecer; depois, deslizaram para o chão e continuaram seu caminho.

As fugitivas, exaustas, caminharam penosamente. Quando chegariam a um lugar seguro? Quando seriam realmente livres? Com fome, sede e muito cansadas, elas prosseguiram. Logo ouviram novos sons – um ruído surdo, ritmado, de pés descalços, do arrastar de correntes, de um gemido ocasional. Reconheceram os barulhos imediatamente. Era uma caravana de escravos que passava.

As garotas estremeceram e esconderam-se atrás de alguns arbustos espinhosos, com o coração batendo forte. Se fossem descobertas, seriam apanhadas e forçadas a se juntar aos outros escravos. Embora o grupo estivesse muito próximo, passou sem que ninguém as notasse. Bakhita ainda não sabia nada sobre milagres. Se soubesse, com certeza acreditaria que ali se havia realizado um.

As meninas alcançaram os limites da floresta e refletiram sobre o que fariam a seguir. O deserto à volta era bem aberto, com poucos abrigos. Podiam facilmente ser vistas. As duas avançaram, tentando ser cautelosas. Todo o tempo sentiam-se em pânico e sozinhas. Finalmente, ao pôr-do-sol, as cabanas de palha de uma aldeia se tornaram visíveis.

– Será que é minha aldeia? – perguntaram-se uma à outra. Sentiram uma nova onda de esperança correr por suas veias. As amigas se esqueceram do cansaço e da fome. Saíram correndo em direção à aldeia.

De repente, um homem surgiu do nada. Ele sorriu e estendeu os braços, bloqueando a passagem.

– Aonde vocês vão? – perguntou gentilmente, como se estivesse genuinamente interessado no bem-estar delas. – Aonde vocês vão? – repetiu.

As garotas ficaram em silêncio. Uma não sabia o que a outra iria dizer.

– Bem, aonde vocês *gostariam* de ir? – perguntou ele.

– Pra casa – respondeu Bakhita, cuidadosamente. – Encontrar nossos pais.

– Vocês parecem muito cansadas – disse o estranho. – Talvez seja melhor me acompanharem até minha casa ali adiante. Podem comer uma refeição e descansar. Amanhã eu levarei vocês até suas famílias.

As meninas queriam ardentemente acreditar nele. Era como um sonho que se tornava realidade! Tinham conseguido escapar, mas começavam a compreender que, sozinhas, elas talvez nunca encontrassem o caminho de volta para casa. Seguiram o estranho até sua cabana. Ele lhes deu de comer e beber. Estava tudo tão bom!

Quando terminaram, o estranho as conduziu para fora, para trás da casa. Elas olharam ansiosamente uma para a outra. Viram ovelhas em um curral sem cobertura. O que estavam fazendo ali? O olhar bondoso no rosto do homem agora havia desaparecido. Ele abriu o portão do cercado e empurrou as meninas para dentro. Acorrentou seus tornozelos.

– Pronto! – disse ele, asperamente. – Fiquem aí até que eu volte.

Bakhita e sua amiga enfrentavam a terrível verdade: eram escravas outra vez.

As garotas passaram vários dias e noites acorrentadas no redil dos animais, até que certo dia um mercador de escravos passou pela aldeia. O captor das crianças viu sua oportunidade. Soltou-as e conduziu-as até o mercador. As meninas ficaram ali, olhando fixamente adiante. Tremiam de medo. Rapidamente, o mercador comprou-as e levou-as com ele. Elas caminhavam o mais depressa que podiam. Foram obrigadas a se juntar a uma longa caravana a caminho dos mercados de escravos na cidade de El Obeid. O que aconteceria a seguir?

3
O erro de Bakhita

Duas semanas e meia depois, em El Obeid, homens, mulheres e crianças africanos estavam alinhados, enquanto possíveis compradores se espremiam, escolhendo os escravos. Bakhita olhou ansiosamente para todas as mulheres escravas, esperando ter um vislumbre de sua irmã mais velha, que tinha sido raptada havia tanto tempo. Mas não existiam rostos familiares ali, nem em lugar nenhum.

Finalmente, a atenção de um homem bem vestido voltou-se para as duas meninas. Tão pequenas e tão assustadas! Ele deu um passo adiante.

– Eu compro as crianças – disse simplesmente.

Ele pagou e levou-as estrada abaixo até sua grande casa. As meninas olharam maravilhadas para o esplendor dos quartos e da mobília. Sentiram o tapete macio debaixo de seus pés. Bakhita observou os arranhões e cortes em seus próprios pés e pernas, lembrando-se das longas caminhadas forçadas.

Seu novo dono, um rico xeque árabe, tinha duas filhas. As moças usavam vestidos bordados a ouro e pérolas brilhantes.

– Papai, nossas próprias criadas! Obrigada! – exclamou uma das garotas. – Nós as treinaremos nos trabalhos de casa e, quando nosso irmão Salim se casar, vamos dá-las a ele como presente de casamento.

– Excelente idéia! – aprovou o pai.

Ambas as moças gostaram especialmente de Bakhita, que tinha um rosto suave e gentil e grandes olhos. A cada uma das crianças africanas foram atribuídos deveres diferentes. Uma das tarefas de Bakhita era ficar perto das filhas do xeque para cuidar de todas as necessidades delas. Todo dia, quando os quartos da casa ficavam abafados, Bakhita as abanava com um grande leque, fazendo o possível para mantê-las frescas.

As pequenas escravas eram tratadas com bondade e gentileza por seus donos. Que alívio depois de todo o rude tratamento que haviam recebido desde que foram roubadas de suas famílias! Bakhita começou a ter esperança de que talvez a vida de serva não fosse tão ruim. Mas este período tranqüilo não duraria para sempre.

Em uma tarde calma, Salim foi até o quarto onde Bakhita estava abanando as duas irmãs.

– Você! – ordenou. – Traga-me o vaso grande do quarto ao lado. Tire-o do suporte com cuidado! É muito caro!

A menina apressou-se, ansiosa por agradar. Ergueu o enorme vaso nos braços, abraçando-o com força. Apesar de o ter segurado com o máximo cuidado, ele escorregou e caiu no chão quando ela entrava no quarto. Ficou paralisada ao ver o vaso se estilhaçar em mil pedaços.

Salim ficou vermelho de raiva.

– Estúpida, desastrada! Eu lhe disse para ter cuidado! – gritou. Ele pegou o chicote.

Bakhita ficou apavorada. Ela não se havia esquecido da dor aguda do chicote. Correu em direção às filhas do dono para se proteger e se escondeu junto delas. Foi a pior coisa que fez. Salim ficou ainda mais enraivecido. Arrancou a menina de seu esconderijo e a jogou violentamente no chão. Suas irmãs mais novas estavam horrorizadas, mas suas súplicas não foram ouvidas.

– Vou ensiná-la a não fugir de mim!

Salim açoitou Bakhita com o chicote e chutou-a com suas botas até que a pobre criança desmaiou. Ele chutou-a uma última vez e saiu. Os escravos a carregaram em silêncio para fora do quarto e a colocaram gentilmente sobre uma esteira de palha.

Sua recuperação levou mais de um mês. Quando melhorou, recebeu novas tarefas na casa. Mas nem tudo voltou a ser como antes. Salim insistia que Bakhita fosse vendida na primeira oportunidade.

Bakhita ficou paralisada ao ver o vaso quebrar-se no chão.

4
Comprada
e vendida outra vez

Bakhita foi comprada em El Obeid por um general turco. Seu trabalho seria servir à mulher do general bem como à mãe dela. Bakhita estava tensa e preocupada ao se aproximar da casa de seu novo dono. Sentia medo e tinha boas razões para isso. Ela e outra jovem escrava recém-adquirida foram conduzidas a uma sala onde a mulher do general e sua mãe aguardavam.

As mulheres olharam ferozmente para as meninas.

– Aqui vocês não vão se safar se forem descuidadas! – avisou uma delas, severamente.

As garotas ficaram de olhos arregalados e em silêncio. Foram levadas imediatamente para aprender suas tarefas de atender às duas damas, vesti-las, perfumá-las, pentear seus cabelos e abaná-las para refrescá-las.

A mulher do general e sua mãe eram injustas e cruéis. Seus chicotes estavam sempre à mão e elas pareciam cheias de vontade de usá-los. Bakhita tentou cumprir as tarefas o mais perfeitamente possível, sempre temendo que tudo o que fizesse não fosse suficientemente bom. De fato, enquanto escovava o cabelo das senhoras, bastava ela puxar acidentalmente com um pouco mais de força para receber um castigo imediato. Todos os escravos do general viviam e trabalhavam com medo das duas mulheres.

Os escravos ficavam alojados todos juntos, dormindo em esteiras no chão de terra em um único e amplo dormitório. Depois de trabalharem até a noite, tinham que se levantar de madrugada para executar suas funções. Às vezes a mulher do general levanta-se cedo apenas para controlá-los. Ai do escravo que se atrasasse, mesmo que um instante!

Os dias passavam e Bakhita via como os escravos trabalhavam duro. Faziam o pesado serviço braçal nos campos, além de lidarem com as tarefas da cozinha e da lavanderia. A principal refeição era ao meio-dia, quando recebiam magras porções de guisado, mingau, pão e, às vezes, alguma fruta. A vida dela como criada já era bem dura, mas a deles era ainda pior!

Um dia, a mulher do general decidiu que, como era costume, os novos escravos fossem tatuados. Isto era considerado um sinal de honra e prestígio para seus donos. O doloroso processo implicava traçar desenhos no corpo e braços de cada cativo e, depois, cortar com uma lâmina afiada por cima dos desenhos. Após o corte ser feito, todos os dias esfregava-se com sal as feridas em carne viva, até que lentamente curassem e formassem cicatrizes. A pobre Bakhita foi uma das forçadas a se submeter a este terrível processo, sem o benefício de qualquer anestesia ou assistência médica.

Demorou um mês para que as feridas se fechassem. Bakhita ficaria com as cicatrizes pelo resto da vida. Mais tarde, ela escreveria: "Hoje percebo que foi por um milagre de Deus que não morri".

❖ ❖ ❖

Passaram-se longos anos. Aqueles tempos na casa do general turco foram preenchidos com crueldade suficiente para toda a vida de Bakhita. Uma vez, por acaso, ela e outra jovem escrava estavam em uma sala cumprindo seus deveres.

— Tá acontecendo alguma coisa — sussurrou sua amiga. — Tô escutando vozes se aproximando. Será que a gente se esconde?

— A gente simplesmente não dá um pio — respondeu Bakhita, tentando permanecer calma.

De repente, o general e sua mulher entraram na sala. Estavam envolvidos em uma discussão calorosa.

— É caro demais — declarou o general.

– Tudo é caro demais para você – disparou sua mulher, em resposta.

O tom de voz do general aumentou, iradamente.

– Mas não conseguiremos pagar isso!

– Eu quero! – ela guinchou, com sua voz aguda perfurando os ouvidos das meninas.

Quando a disputa de gritos finalmente chegou ao fim, estava claro que o general havia perdido. Ele esmurrou uma mesa, frustrado. Lentamente olhou em volta pela sala. Seus olhos pousaram nas duas escravas, que estavam de pé, inertes, em um canto. Elas mantiveram seus olhos baixos, tentando ficar, na medida do possível, imperceptíveis. Mas isso não foi suficiente para apaziguar seu dono. Seu rosto estava vermelho de raiva quando chamou dois de seus soldados.

– Espanquem estas duas! – ordenou. – Eu lhes direi quando deverão parar!

O general ficou observando, com as mãos na cintura, como se o sofrimento das garotas pudesse aliviar sua própria frustração. Bakhita sentiu a dor aguda do chicote várias vezes, queimando e rasgando sua pele. Ela nunca se esqueceria daquela surra, porque ficou com uma profunda ferida em sua coxa que nunca se curou completamente.

– Chega! – disse por fim o general, e as duas crianças foram levadas em silêncio para as suas esteiras no alojamento dos escravos.

Ao longo de toda sua vida, Bakhita se lembrou desse terrível dia e do espancamento que bem poderia ter causado sua morte. Apesar de ela não estar ainda consciente disso, o amor de Deus a estava protegendo.

5
Fique feliz e em paz!

O clima político do Sudão fervia como uma panela prestes a entrar em ebulição. Em 1881, o líder religioso muçulmano Muhammad Ahmad, que chamava a si mesmo *Mahdi*, ou "Enviado de Deus", iniciou sua conquista do país. Seu plano era começar pelo Sudão, estabelecer uma república islâmica e gradualmente estendê-la ao mundo todo, criando um estado islâmico mundial.

Em 1882, os escravos do general turco pouco sabiam dos acontecimentos que ocorriam na cidade e pelo país afora, mas havia mais movimentação que de costume. Eles notavam uma espécie de excitação nervosa, como se houvesse mudanças no ar. Começaram a correr rumores.

— O que tá acontecendo? — Bakhita, então com catorze anos, sussurrou para uma companheira escrava. — O que você acha que é?

— Não sei mesmo — respondeu a garota. — Será que o general tá planejando voltar pra Turquia?

— E como é que a gente fica? — perguntou Bakhita. — A gente também vai?

– Bem – acrescentou a amiga de Bakhita –, em breve a gente descobre.

Finalmente, o general anunciou que estava regressando para a Turquia. Como parte dos preparativos, iria vender a maioria de seus escravos. Bakhita estava entre os que permaneceriam com ele. O restante seria vendido em El Obeid, antes que a família do general partisse para Cartum, a capital do Sudão.

Os familiares do general, juntamente com os escravos que restaram, viajaram em uma caravana de camelos até Cartum. Quando chegaram, após vários dias, Bakhita ficou chocada ao saber que também seria vendida.

"Eu sei como é a vida com a família do general", disse para si mesma, "mas não faço idéia de quem será meu próximo dono. E se for ainda mais cruel do que ele?"

Bakhita estava com medo, mas sabia que era importante continuar fazendo bem o seu trabalho para escapar do castigo. Naquela tarde o general recebeu uma visita. O homem, com ar distinto, olhou fixa e atentamente para a jovem escrava quando ela lhe serviu o café. Mais tarde, depois de terminar o trabalho, ficou a noite toda acordada, preocupada e esperando em silêncio pelo amanhecer.

Na manhã seguinte, apareceu uma mulher vestida de branco. Depois de uma curta conversa, o general chamou Bakhita à sala.

– Siga esta criada – ordenou. Ela tentou não demonstrar surpresa. Seguiu silenciosamente a mulher para fora da sala.

"Será que fui vendida outra vez? Se fui, pra quem?", pensou a garota.

Bakhita deu uma olhada na mulher. Seu cabelo negro estava preso por um lenço branco. Seu rosto era gentil, e ela sorriu enquanto dizia:

– Venha comigo. Não tenha medo!

O espírito de Bakhita animou-se. Será que seu novo dono seria bom e gentil? As duas saíram do hotel e caminharam rua abaixo, parando diante de um casarão grande e imponente. Na varanda, uma bandeira branca, vermelha e verde esvoaçava na brisa. Bakhita perguntava-se o que ela significaria, mas permaneceu calada.

– Esta é a casa do senhor Callisto Legnani. Ele é vice-cônsul da Itália, isto é, um funcionário do governo que representa seus interesses comerciais neste país, e eu sou criada dele – disse a mulher de branco. Fez uma pausa e explicou:
– A Itália é um país na Europa, longe, muito longe. O senhor Legnani a viu ontem e soube que você estava à venda. Ele a comprou para

servi-lo, mas tenho certeza de que vai acabar libertando-a.

Embora Bakhita não conseguisse compreender plenamente todas as palavras que a mulher dissera, podia sentir bondade em sua voz. Lentamente, a jovem escrava sorriu. Compreendeu que seu novo dono seria gentil, decente e bom. Finalmente, ela se tornaria realmente *Bakhita*, a sortuda!

A partir daquele dia, Bakhita passou a amar um país do qual nem sequer tinha ouvido falar até então: a Itália. Ela sonhava com o dia em que veria este lugar maravilhoso.

A amável criada a conduziu até um quarto, onde pôde lavar-se. Depois lhe ofereceu um vestido. Bakhita ergueu-o, admirando-o.

— Vá, vista-o — encorajou a criada. — Eu a ajudarei.

Bakhita deslizou cuidadosamente para dentro do vestido. Era lindo, o primeiro vestido de sua vida!

Foi então levada a uma sala de visitas e apresentada ao vice-cônsul, senhor Callisto Legnani.

— Bom! — disse o senhor Legnani. Sorriu para a calada jovem africana de olhos tímidos. O diplomata leu medo naquele olhar, e isso o afligiu.

— Não precisa ter medo — assegurou-lhe. — Aqui estará em segurança e será bem tratada. Você pode ajudar minha criada nas tarefas da casa e ninguém lhe fará mal. Fique feliz e em paz!

Aquela foi a última vez que Bakhita seria vendida. Os dolorosos anos de escravidão, os espancamentos, a negligência e a crueldade tinham finalmente acabado.

"Fique feliz e em paz", dissera o senhor Legnani. Ela não queria mais do que isso!

A atmosfera na casa do cônsul era amigável e cordial. Todos – familiares, convidados e criados – eram tratados com bondade e respeito. A moça tentou demonstrar sua gratidão trabalhando diligentemente. Às vezes, enquanto desempenhava suas tarefas, Bakhita perguntava a si mesma: "Como cheguei aqui? Por que o senhor Legnani me escolheu? Como pude ter tanta sorte?". Não tinha respostas, mas não era maravilhoso!?

❖ ❖ ❖

Dois anos de felicidade se passaram. Como a situação política havia piorado, certo dia o senhor Legnani recebeu ordens para retornar imediatamente à Itália. Fez os preparativos necessários, planejando deixar sua casa e seus criados ao cuidado da sua governanta. Quando Bakhita compreendeu que o senhor Legnani estava regressando à Itália, fez o inimaginável. Reuniu coragem, aproximou-se do generoso homem e pediu:

– Por favor, posso ir com o senhor para a Itália?

Bakhita nunca se teria atrevido a fazer tal pedido a seus antigos donos: o general, sua mulher e a mãe desta, Salim e os mercadores de escravos – a reação deles teria sido imediata e cruel. Mas isso era passado!

– Por favor, senhor Legnani – rogou Bakhita.

O homem suspirou.

– É uma viagem longa e difícil – explicou –, e muito cara.

Os jovens olhos africanos suplicavam.

– Está bem – condescendeu. – Você pode vir.

O coração de Bakhita estava aos saltos!

6
A longa viagem

Próximo ao fim de 1884, a longa viagem começou. O senhor Legnani, seu amigo Augusto Michieli, Bakhita e outro escravo, um jovem africano, todos se juntaram a uma caravana de camelos e viajaram para Suakin, um porto sudanês no Mar Vermelho. O senhor Michieli, um homem rico que tinha negócios no Sudão, estava retornando para sua família na Itália. Sua mulher ficara de ir ao encontro deles quando o navio chegasse a Gênova, Itália.

Quando a caravana finalmente atingiu Suakin, os exaustos passageiros ficaram felizes por chegar em seus alojamentos. Não muito depois, no entanto, os dois italianos receberam notícias alarmantes. Criminosos haviam atacado a cidade de Cartum, tentando destruí-la. Seus lares tinham sido saqueados e destruídos e todos os seus criados, feitos escravos!

Bakhita escutou horrorizada. "Se ainda estivesse lá", pensou, "teria sido capturada e atirada novamente na escravidão, talvez para o resto da vida. O que seria de mim, então?" Em seu coração, ela agradeceu – a quê ou a quem, não sabia. Mas certamente algum Mestre Divino, maior do que qualquer mestre humano, estava olhando por ela!

Em meados de 1885, o pequeno grupo finalmente embarcou em um navio para a Itália. A viagem seria longa e cansativa, mas Bakhita, então com dezesseis anos, estava sorrindo. Ela só conseguia sentir alegria e entusiasmo! Como seria a Itália? Em que sua vida se modificaria lá?

Navegaram pelo Mar Vermelho, depois pelo Mediterrâneo. Por fim, chegaram ao porto italiano de Gênova. Enquanto o navio entrava na doca, Bakhita olhava a emocionante agitação na margem. Os cansados viajantes desciam pela prancha do navio até a terra firme. Por um tempinho, Bakhita guardou na memória a sensação da ondulação do mar!

Seguiram de carruagem para um hotel de propriedade de um dos amigos do senhor Michieli. Esse hoteleiro tinha pedido ao senhor Michieli para que lhe levasse um criado da África. O jovem rapaz os tinha acompanhado com tal intuito.

Enquanto isso, a senhora Maria Michieli chegara para dar as boas-vindas ao marido. Ela viu o moço ser entregue ao dono do hotel, enquanto Bakhita permaneceu quieta ao lado do senhor Legnani. A mulher virou-se para seu marido:

– Augusto! – repreendeu-o. – Por que você não trouxe uma africana consigo para me auxiliar no trabalho de casa? Você devia ter pensado nisso. Teria sido tão fácil!

Com as queixas persistentes de sua mulher, o senhor Michieli começou a se sentir encurralado. Aquelas lamúrias irritaram o senhor Legnani, que até aquele momento tinha ficado quieto. Ele então se virou para o amigo e deu-lhe um tapinha no ombro:

– Augusto, Bakhita seria uma grande ajuda para sua mulher. Leve-a como criada.

Bakhita arregalou os olhos e seu coração encheu-se de tristeza. Mas ela permaneceu em silêncio. Mais uma vez, seu destino estava nas mãos de outros. O senhor Legnani, aquele homem de confiança que ela havia considerado seu libertador, acabara de oferecê-la para calar a mulher do amigo!

Fosse como fosse, Bakhita era agora criada da família Michieli. Eles a levaram para a vila da família em Zianigo, perto de Mirano, na região do Vêneto, ao norte da Itália, enquanto o senhor Legnani partiu sozinho para Pádua. Anos depois, Bakhita escreveria com tristeza: "Nunca mais ouvi falar dele".

Logo que a família retornou para Mirano, a senhora Michieli deu à luz uma menininha, Alice, a quem a família apelidou de Mimmina. A senhora Michieli ensinou Bakhita, já conhecida pelos seus modos gentis, a alimentar, banhar e cuidar do bebê. A jovem africana gostava de seus deveres e adorava Mimmina. Desde o nascimento, a criança nunca passou um dia sem o suave e gentil sorriso de Bakhita. Conforme os meses foram passando, a menininha atenta ficava sempre feliz por vislumbrar sua ama entrando pela porta do quarto.

Mimmina estava crescendo em uma atmosfera amorosa. "É assim mesmo que deve ser", pensou Bakhita. Imagens de sua própria afetuosa família vieram-lhe à mente. Como teria sido sua vida se não tivesse sido raptada? Ora, ela teria crescido e se casado com alguém de sua região. Como teria sido simples...

Em momentos como aquele, Bakhita perguntava a si mesma: "Quem cuida deste mundo todo? Quem comanda a vida da gente? Quem deixa as coisas serem como são? Quem ajuda a gente a tomar as atitudes certas e a evitar as erradas?". Tantas perguntas... Quem tinha as respostas? "Alguém tem, Mimmina!", sussurrou Bakhita para a criança adormecida. "Um dia vou encontrar respostas pras minhas perguntas."

"Leve Bakhita como criada."

7
Um novo lar

*P*assou-se um ano tranqüilo. Então a senhora Michieli, Mimmina e Bakhita viajaram de volta para o porto marítimo de Suakin, no Sudão, onde o senhor Michieli estava administrando um grande e bem-sucedido hotel. A família vivia lá havia nove meses, quando o senhor Michieli decidiu fechar seu negócio na Itália e se concentrar exclusivamente no de Suakin. Enquanto o senhor Michieli permaneceu na África dirigindo seu concorrido hotel, a senhora Michieli regressou à Itália com Mimmina e Bakhita para cuidar das coisas por lá.

Quando o navio partiu, Bakhita olhou fixamente para a costa africana. Anos depois escreveu: "Este seria o meu último adeus à África, minha terra natal. Algo em meu coração me disse que eu nunca mais pisaria em seu solo".

Os horizontes estavam se abrindo para a jovem. Ela ainda tinha um longo caminho a percorrer pela estrada da vida, mas seguia firmemente em frente. Não sabia aonde o caminho a levaria, onde a viagem poderia acabar... Será que algum instinto lhe dizia que o final seria feliz?

De pé, encostada no parapeito da embarcação, a pequena Mimmina agarrou a mão de Bakhita e sorriu para ela. Bakhita sorriu de volta. Juntas, ficaram olhando a costa até desaparecer.

❖ ❖ ❖

De volta à vila Zianigo, na Itália, os dias e meses voaram. Um dia, a senhora Michieli anunciou:

– Chegou a hora de retornar a Suakin – disse ela. – E ficarei ausente por pelo menos nove meses.

Bakhita sabia que este momento chegaria, mas ficava pensando se estaria envolvida nesses planos. O que seria dela?

– Decidi matricular as duas, Mimmina e Bakhita, em um internato em Veneza, onde receberão uma boa educação – explicou a senhora Michieli.

Bakhita estava aliviada e feliz. Poderia permanecer na Itália!

A senhora Michieli queria que as garotas vivessem no Instituto das Filhas da Caridade de Canossa, conhecidas como as irmãs canossianas. Sua escola aceitava estudantes que quisessem aprender a fé católica e se preparar para o sacramento do batismo. Esta seria uma oportunidade maravilhosa para Bakhita, mas e quanto a Mimmina? Ela não precisava preparar-se para o batismo, porque já o tinha recebido quando bebê.

A senhora Michieli, no entanto, insistiu que Mimmina e Bakhita não deviam ser separadas. As discussões entre a senhora e as irmãs continuaram por um mês. Durante uma de suas visitas, a Irmã Maria Fabretti, encarregada da instrução religiosa, pediu para falar com Bakhita a sós.

– É sua intenção tornar-se cristã? Você vem por sua livre vontade?

– Ah, sim! – respondeu Bakhita fervorosamente. – De todo meu coração!

A irmã sorriu.

– Então não se preocupe, Bakhita – disse gentilmente. – Deus achará um caminho.

Deus, na realidade, achou um caminho. Impressionado com a jovem africana, o senhor Illuminato Checchini, o administrador de negócios dos Michieli, garantiu que, se as irmãs aceitassem *ambas* as garotas, ele mesmo pagaria a escola de Bakhita, no caso de os Michieli alguma vez falharem. Finalmente, as irmãs concordaram em abrir uma exceção e permitiram que tanto Mimmina quanto Bakhita freqüentassem a escola. A senhora Michieli agora podia viajar tranqüila para o Sudão, satisfeita por saber que sua filha e Bakhita estariam em mãos amorosas e de confiança durante os meses em que estaria ausente.

Havia chegado o momento de a senhora Michieli se despedir.

– Este é seu novo lar, Bakhita – disse ela com um sorriso. A jovem africana sorriu de volta.

Essas palavras significariam muito mais do que a senhora Michieli podia imaginar.

8
Os elos de uma corrente

Cada pessoa na história de Bakhita era como um elo na corrente de sua vida. Alguns elos eram mais importantes que outros. Um elo vital foi a Irmã Maria Fabretti, que conduziria Bakhita ao longo da estrada da fé. Ela também lhe ensinaria habilidades básicas, tais como leitura, escrita e compreensão.

O senhor Checchini também se tornou outro elo muito importante nessa corrente. Ele era um dedicado homem de família que vivia sua fé no dia-a-dia. As pessoas que conviviam com ele sentiam que aquela paz interior vinha de seu amor a Jesus e de sua fé católica. Mesmo sendo um negociante talentoso, mantinha ao mesmo tempo outras prioridades na vida. Ele compreendeu o desejo ardente de Bakhita de acreditar em Deus e de conhecê-lo, e estava determinado a oferecer-lhe essa oportunidade.

Para Bakhita, o senhor Checchini era muito especial. Alguns anos mais tarde, ela escreveu: "O senhor Checchini tinha um coração de ouro: era inteligente, honesto, aberto e um excelente católico. Desde o primeiríssimo momento, ele demonstrou um afeto paternal para comigo". Bakhita estava muito grata por sua generosidade e atenção.

Um dia, quando ela estava prestes a iniciar seu aprendizado, o senhor Checchini tirou algo do seu bolso.

– Tenho uma coisa para você, Bakhita.

Ele abriu a mão e ali havia um objeto prateado. O homem levou-o aos lábios e beijou-o.

– Isto é um crucifixo – explicou gentilmente. – Um crucifixo é uma cruz com a imagem de Jesus sobre ela. Os cristãos crêem que Jesus é o Filho de Deus e veio a esta terra para nos salvar dos nossos pecados.

A jovem africana ficou intrigada. Ela nunca tinha ouvido nada como aquilo antes.

– Bakhita, quero que fique com este crucifixo – continuou o Senhor Checchini. – É para você.

Ela pegou cuidadosamente a pequena jóia e olhou-a fixamente.

– Ah, obrigada, senhor! – respondeu.

Quando estava sozinha, Bakhita pegava o crucifixo do seu bolso e ficava olhando para ele. Conforme o tempo foi passando, com a ajuda da Irmã Maria, a moça aprendeu mais sobre Jesus e sobre o significado do crucifixo. Ele se tornou precioso para ela.

Desde o tempo em que fora aprisionada como escrava, Bakhita nunca tivera nada dela mesma. O crucifixo de prata foi o primeiro presente que recebeu. No início, ela receou perdê-lo. Mas à medida que se passaram as semanas e os meses, deixou de preocupar-se com isso. Tinha começado a entender que Jesus sempre estaria disponível para ela. Ele estava na sua alma. De fato, tornou-se o centro da sua vida.

Quando Bakhita começou a compreender e amar sua fé, reconheceu como essa fé podia ser praticada todos os dias. Foi instintivo para ela procurar pessoas que já viviam aquilo que estava aprendendo. Passou a ter grande estima pelo bom exemplo do senhor Checchini e das irmãs com quem convivia, especialmente a Irmã Maria.

❖ ❖ ❖

Os nove meses voaram. Bakhita estava muito feliz por estar aprendendo tudo sobre o catolicismo. A Irmã Maria elogiava-a, dizendo:

– Você bebe nas verdades da fé!

A jovem africana preparou-se alegremente para o futuro batismo. Mas havia uma sombra de preocupação em sua mente. "O que vai acontecer comigo quando a senhora Michieli voltar da África?", perguntava a si mesma. Em breve descobriria.

Finalmente a senhora Michieli retornou a Veneza para buscar sua filha e Bakhita.

– Minha instrução religiosa ainda não terminou – a jovem lhe explicou educadamente. Ela sabia que, se deixasse naquele momento a escola, talvez nunca mais tivesse a oportunidade de completar seus estudos e ser batizada. – Quero ficar aqui com as irmãs – disse gentilmente.

A senhora Michieli ficou zangada.

– Como você é ingrata – berrou. – Depois de tudo o que fiz por você!

Bakhita retraiu-se. Ela não queria parecer ingrata. Apreciava verdadeiramente tudo o que a senhora Michieli tinha feito por ela, mas apreciava ainda mais a sua nova fé.

No dia seguinte, a senhora Michieli voltou à escola. Tentou persuadi-la, implorou, mas Bakhita foi inflexível.

"Tenho certeza", escreveria Bakhita anos depois, "de que o Senhor me deu uma força especial naquela hora, porque me queria só para ele."

A senhora Michieli não desistiria tão facilmente. Continuou a implorar e ameaçar. Por fim, o superior das irmãs contatou o Cardeal Domenico Agostini e explicou a situação. O Cardeal pediu ajuda a um dos funcionários do rei, que resolveu o problema. Ele declarou que, por ser a escravidão ilegal na Itália, Bakhita era uma pessoa livre, quer a senhora Michieli gostasse, quer não.

– Ninguém pode forçá-la a fazer algo que não queira – disse ele.

No dia seguinte, a senhora Michieli voltou à escola pela terceira e última vez. O Cardeal Agostini apresentou-se nesta última reunião, junto com o superior e algumas das irmãs da escola. O Cardeal falou primeiro, iniciando o que viria a ser uma longa reunião. Quando finalmente terminou, a decisão à qual chegaram era favorável a Bakhita!

A senhora Michieli derramou lágrimas de desapontamento e raiva. Levantou-se e arrancou Mimmina das mãos de Bakhita. A garotinha agarrou-se à sua amiga, mas a mãe forçou-a a largá-la. Mimmina chorou alto, enquanto a mãe a arrastava para fora da sala. As lágrimas de Bakhita também correram. Como ela estava triste por ser a causa de tanta infelicidade! Quanta saudade teria de Mimmina!

Entretanto, também se sentiu aliviada por não ter deixado ninguém afastá-la do seu grande objetivo. Nunca mais esqueceria aquele dia nem aquela data: 29 de novembro de 1889. Como uma pessoa livre, ela tinha feito sua escolha de não ir com a senhora Michieli, mas permanecer na escola e tornar-se um membro da Igreja de Jesus.

9
O grande dia

Em janeiro de 1890, a instrução de Bakhita estava finalmente completa. A data para seu batismo havia sido marcada: 9 de janeiro. E mais, toda a nobreza de Veneza tinha ouvido falar da corajosa decisão da antiga escrava de permanecer na escola das irmãs. A história dela havia tocado o coração de muitas pessoas, e algumas se ofereceram para servir de madrinhas e patrocinadoras de sua confirmação.

Tudo naquele grande dia foi tão especial! A capela, dedicada a São João Batista, estava decorada com flores. Os paramentos sacerdotais eram elegantes. Bakhita, com vinte e um anos, estava ao mesmo tempo calma e entusiasmada. Ela havia jejuado desde a meia-noite, de acordo com as regras seguidas à época para o recebimento da Santa Comunhão.

Ao se ajoelhar na capela para orar, ela sorriu para si mesma. "Jesus", murmurou, "estou tão emocionada. Não conseguiria comer o que quer que fosse, mesmo que não houvesse regras de jejum. Senhor, às vezes fico pensando se tudo isso está realmente acontecendo. Parece maravilhoso demais para ser verdade!"

Os sinos do convento ressoaram. Estava na hora! Bakhita foi levada a um recinto adjacente para aguardar o momento em que devia entrar na capela. Os vizinhos tinham escutado o repicar dos sinos e as portas foram escancaradas em boas-vindas. As irmãs ficaram espantadas ao ver uma grande multidão de pessoas encher a capela. Elas se comprimiram nos bancos e se puseram de pé nas naves laterais da igreja, ombro a ombro. Bakhita, vestida de branco, entrou na capela com a Irmã Maria Fabretti e seu padrinho, o Conde Marco de Soranzo. Ele representava a esposa, a Condessa Giuseppina, que estava doente nesse dia. A patrocinadora da confirmação de Bakhita era a senhora Margherita Donati.

O Cardeal Agostini, patriarca de Veneza, deu início à emocionante cerimônia em que Bakhita receberia três sacramentos. De acordo com os costumes da época, ela foi batizada e confirmada. O Cardeal, vestido de vermelho, despejou as águas do batismo sobre a cabeça da moça e pronunciou as palavras:

– Eu te batizo *Josefina Margarida Bakhita*, em nome do Pai e do Filho e do Espírito Santo.

– Amém – respondeu ela, de todo o coração. Bakhita tinha aprendido que *Amém* significa: "Assim seja; assim será".

Cada um dos seus nomes de batismo tinha um significado especial para ela. Josefina (em italiano, *Giuseppina*) era por sua madrinha, a Condessa. Margarida (*Margherita*) era por sua patrocinadora de confirmação. E também escolheu manter *Bakhita*, o nome que lhe tinha sido dado pelos mercadores de escravos. Como esse nome tinha-se tornado querido para ela! Havia sido dado sarcasticamente a uma menininha aterrorizada, mas Deus, a sua maneira, tinha virado as coisas do avesso. Como Bakhita, Deus a conduzira pela estrada gloriosa rumo à liberdade e à fé. Bakhita, "a sortuda", viveu para ver suas correntes serem removidas para sempre. Agora era uma nova pessoa, uma católica. Em seu coração experimentava algo que fora enterrado em suas lembranças de infância: uma profunda sensação de pertença.

Ao batismo e à confirmação seguiu-se a celebração eucarística. A jovem africana estava felicíssima. Seu rosto brilhava. Por quanto tempo havia esperado para conhecer e amar a Deus, que fez o mundo, as pessoas e tudo o que existe! Ela agora acreditava, de todo o coração, que o conhecia, e queria passar o resto de sua vida conhecendo e amando cada vez mais a Deus.

Bakhita agradeceu a todos por terem comparecido. Enquanto os convidados se amontoavam à porta, prometeu orações para cada um deles e pediu que orassem por ela. Logo restaram umas poucas pessoas, que foram levadas até a sala de visitas para se juntarem ao Cardeal. Com café e doces, partilharam sua alegria com Bakhita. Entre eles estava Júlia Della Fonte, que era um pouco mais nova que Bakhita. Desde sua chegada a Veneza, Bakhita e Júlia tinham-se tornado amigas íntimas.

Bakhita talvez não percebesse, mas Júlia a olhava com admiração. Ela tinha observado com encanto enquanto Bakhita estudava a fé e crescia no amor a Jesus e sua Igreja. Júlia queria apenas um pedacinho de atenção de sua amiga neste dia inesquecível. Mas no momento ela era tão importante e estava acontecendo tanta coisa! O Cardeal, os padres, os convidados, todos estavam a seu redor na sala de visitas.

Júlia ficou ali perto em silêncio, esperando por um momento de disponibilidade de Bakhita. De repente, ela virou-se em sua direção e sorriu.

– Venha cá – convidou. – Sente-se a meu lado.

Júlia aproximou-se. Bakhita arranjou-lhe um lugar e beijou-a afetuosamente no rosto. Ao longo da vida de Júlia, esta lembrança permaneceria sempre muito preciosa para ela.

Finalmente, o último convidado foi embora, mas o dia de Bakhita estava longe de ter chegado ao fim. Ela e Júlia foram convidadas para almoçar com o Padre Avogadro, o amável velho capelão da capela de São João Batista. A atmosfera era cordial e as duas moças relaxaram com uma calma refeição e uma conversa agradável. Bakhita foi sincera em seus agradecimentos e, quando ela e sua amiga Júlia saíram, percebeu que sua vida estava sendo preenchida com lindas memórias.

Nessa mesma tarde, outras pessoas continuaram a aparecer para lhe dar parabéns. O senhor Checchini, que tinha levado sua família inteira à cerimônia, foi um dos que Bakhita ficou mais feliz em ver. "Ele é um exemplo de vida, assim como um benfeitor", pensou a jovem. Quando todos os outros visitantes se foram, o senhor Checchini checou seu relógio de bolso e sorriu.

– Bakhita – disse calmamente –, é hora de levá-la para jantar em minha casa. Minha esposa e toda a família estão esperando.

A jovem sorriu.

– Obrigada por tudo, senhor Checchini!

Bakhita passou momentos maravilhosos com a feliz família Checchini. A bondade deles e a sensação de pertença que ela viveu ali lhe trouxeram memórias de sua própria família. "Como sou abençoada por ter os Checchini e por ser livre", pensou. "Será que minha própria família está livre? Estarão vivos? Estarão bem e felizes?"

Sentiu uma momentânea pontada de saudade. Mas então se lembrou de que Deus, seu Pai amoroso, a tinha trazido da escravidão para a liberdade de Jesus e sua Igreja. Será que ela não conseguia confiar que o mesmo Deus amoroso cuidaria de cada membro de sua família? "Senhor", orou, "entrego cada um dos membros de minha família ao teu cuidado. Confio em ti de todo o meu coração."

A tarde acabara; aquele dia emocionante estava quase chegando ao fim.

De volta a seu quarto, na escola do convento, Bakhita tentou adormecer. Mesmo muito cansada, a sua felicidade a manteve bem acordada. Por várias vezes sua imaginação repetiu todos os eventos do seu grande dia.

10
Uma atração especial

Bakhita acordou cedo. A emoção do dia anterior ainda preenchia sua imaginação. "Em um único dia recebi o batismo, a sagrada comunhão e a confirmação." Seu coração transbordava de alegria. "Obrigada, Jesus! Obrigada, meu Senhor!"

Dia após dia, Bakhita abraçava o ritmo da programação da escola que permitia oração, estudo, trabalho, refeições e entretenimento. Acima de tudo, ela apreciava o tempo passado com Jesus presente no tabernáculo. Às vezes imaginava o Senhor sentado a seu lado. Então suas palavras de louvor e gratidão saíam naturalmente de seus lábios como uma conversa. Ela lembrava a seu Divino Mestre o quanto tinha o coração agradecido. Nunca se esqueceria da dureza de sua vida durante os anos de escravidão. "Olha agora para mim, Jesus", ela orava. "Por tua causa, por causa de teu amor e misericórdia, hoje tudo é diferente."

Bakhita não achava difícil acreditar em milagres. Cada novo dia lhe oferecia a oportunidade de reviver o milagre de estar viva.

Um dia, ela teve outra importante escolha a fazer. O senhor Checchini estava de visita, como tantas vezes fazia.

– Bakhita – começou ele –, conversei com minha esposa e meus filhos sobre uma coisa. Você gostaria de fazer parte de nossa família e viver conosco como minha filha? Serei seu pai, minha esposa será sua mãe e nosso lar, seu lar. Depois de minha morte, você herdará parte dos meus bens.

A jovem ficou sem palavras. Estava verdadeiramente honrada pela oferta, mas no fim decidiu que não poderia aceitá-la. Bakhita tinha começado a escutar a gentil voz do Senhor chamando-a para uma vocação religiosa. O senhor Checchini ficou desapontado, mas, por causa da profundidade de sua própria vida espiritual, entendeu e aceitou a decisão dela.

O tempo passou e a atração pela consagração de sua vida a Deus tornou-se mais forte. "Vejo como as irmãs dedicam a vida a Jesus", meditava Bakhita. "Dedicam-se inteiramente a ele, em imitação dele e por amor a ele. Eu também gostaria de ser uma irmã, mas só encontrei irmãs italianas aqui. Será que me permitiriam ser uma delas?"

Bakhita não sabia, mas esperava que sim. Finalmente, a jovem arranjou coragem para perguntar ao padre, a quem procurava regularmente para receber o sacramento da reconciliação. O padre encorajou-a no seu desejo de se tornar uma irmã. Ele tinha um grande respeito pelas mulheres religiosas da Igreja e pelas Filhas da Caridade de Canossa. Ele sugeriu que Bakhita falasse com a superiora do convento, Irmã Luigia Bottesella. Ela ganhou ainda mais esperanças.

A Irmã Luigia entrou em contato com a Irmã Anna Previtali, superiora provincial em Verona.

– Bakhita pretende tornar-se uma irmã – explicou a Irmã Luigia.

– Bem, por que não? – respondeu a Irmã Anna.

Até então Bakhita só tivera a oportunidade de estar com as irmãs canossianas que serviam na escola que ela freqüentava em Veneza. Com o tempo, ela aprenderia mais sobre as Filhas Canossianas da Caridade e sobre seu chamado à vida religiosa. A Congregação já tinha aberto missões na China, Índia e Malásia. Já em 1860 elas haviam aceitado muitas jovens desses países na Congregação e ainda continuam a fazê-lo.

A Irmã Madalena de Canossa, fundadora das Filhas da Caridade, nasceu em Verona, Itália, em 1774. Ela queria muito ajudar os pobres a encontrar a salvação e começou sua Congregação em 1808 para atendê-los. A Irmã Madalena morreu em 1835 e foi proclamada santa pelo Papa João Paulo II em 1988.

Em razão de o nome de família de Irmã Madalena ser Canossa, as irmãs de sua congregação ficaram conhecidas como "canossianas". Irmã Madalena tinha garantido a suas irmãs que as jovens que pedissem para se juntar à sua comunidade só precisavam ter grande amor a Deus e ao próximo. A nação de origem da pessoa, a cor de sua pele ou sua posição social não tinham importância. Com isto muito claro na mente, a Irmã Anna submeteu o pedido de Bakhita ao Cardeal Luigi de Canossa.

De acordo com a lei canônica da Igreja dessa época, toda congregação religiosa de mulheres possuía um bispo como seu superior. O Cardeal Luigi era sobrinho de Irmã Madalena, bem como o superior eclesiástico da congregação. Ele e os outros superiores canossianos pretendiam fazer exatamente o que a fundadora teria desejado. Não lhes restava nenhuma dúvida de que, se Irmã Madalena estivesse sentada na sala com eles, Bakhita seria calorosamente aceita no convento.

O sonho de Bakhita iria se tornar realidade! A Irmã Anna partilhou as novidades com ela e com as outras irmãs. E todas ficaram felicíssimas.

11
Pertencendo ao Senhor

Em 7 de dezembro de 1893, Bakhita iniciou seu noviciado na mesma escola onde havia sido preparada para o batismo. Durante esse período ela estudaria e aprenderia mais sobre a missão da Congregação, em preparação aos votos por meio dos quais ofereceria sua vida totalmente a Jesus em uma importante promessa feita livremente a Deus. Sua mentora, a Irmã Maria, foi nomeada sua diretora de noviciado. Josefina Bakhita só podia vislumbrar dias luminosos adiante.

Durante o período de noviciado, ela descobriu que tinha muito para aprender. E queria aprender. Suas capacidades limitadas de leitura e escrita testariam sua paciência, mas não sua força de vontade. A Irmã Maria encorajava a jovem. Apresentou a Bakhita todo o básico da vida religiosa. Aulas sobre a doutrina católica, isto é, a verdade ensinada pela Igreja, os Evangelhos e a regra canossiana de vida preencheram a mente, o coração e as horas de Josefina Bakhita durante um ano e meio.

Na metade de seu noviciado, ela foi chamada a Verona, Itália. Em uma cerimônia emocionante, a Irmã Ana lhe apresentou o hábito da Congregação. Bakhita regressou a Veneza para completar seu noviciado. Ela agora usava o comprido hábito e a touca distintiva usados pelas irmãs canossianas nessa época.

❖ ❖ ❖

Após quase três anos no noviciado, Josefina Bakhita foi chamada outra vez a Verona, onde professaria seus votos. Alguns dias antes da cerimônia, o novo patriarca de Veneza, Cardeal Joseph Sarto, visitou o convento.

Foi o encontro de dois futuros santos!

O Cardeal Sarto foi patriarca de Veneza de 1893 a 1903. Neste ano, ele foi eleito para governar a Igreja, como Papa Pio X. Muito tempo depois, em 1954, foi proclamado santo pelo Papa Pio XII. Isto não teria surpreendido Bakhita. A canonização que a pegaria de surpresa seria a sua própria. E, no entanto, iria acontecer!

Foi a lei da Igreja que reuniu estes dois futuros santos. Naquela época, a lei canônica exigia que os candidatos à vida religiosa fossem entrevistados em particular pelo seu bispo. A intenção era dar-lhes a oportunidade de expressar sua decisão de seguir livremente a vocação religiosa, sem pressão da parte de ninguém. Bakhita reuniu-se calmamente com o Cardeal Sarto. Ele era uma pessoa amável e bondosa, bem conhecido do seu rebanho e muito amado. Ele a escutou atentamente e depois disse:

– Faça seus votos sem nenhum temor. Jesus a ama. Ame-o e sirva-lhe sempre, como tem feito até agora.

Em uma cerimônia simples mas muito bonita, a noviça pronunciou seus votos de pobreza, castidade e obediência. Como era costume, a superiora colocou uma corrente com uma grande medalha de Nossa Senhora das Dores em volta do pescoço de Bakhita. Era o dia 8 de dezembro de 1896, a festa da Imaculada Conceição.

A Irmã Josefina Bakhita lembrou-se do grande dia do seu batismo. Agora tinha feito sua profissão religiosa! Estava muito feliz. Depois da cerimônia, foi levada à residência do Cardeal Luigi para uma curta, mas emocionante visita. Era como se a própria Irmã Madalena, por intermédio de seu sobrinho, estivesse estendendo-lhe a mão e o coração em boas-vindas.

Também foi um grande dia para a Irmã Anna. Ela tinha aceitado Bakhita na Congregação e havia pedido ao Senhor pela graça de admiti-la no noviciado e na profissão religiosa. Deus lhe concedera o pedido. Então, como se tivesse chegado a hora certa, a Irmã Anna faleceu em 11 de janeiro de 1897, pouco mais de um mês depois de Bakhita ter pronunciado seus primeiros votos.

Um longo período de tempo separou os primeiros votos de Bakhita e os últimos. A razão disto está em uma combinação da regra canossiana de vida e a lei canônica. Quando Bakhita fez seus primeiros votos, a fórmula dos votos da Congregação dizia o seguinte: "Eu juro [...] castidade, pobreza e obediência ao Instituto das Filhas da Caridade por todo o tempo em que, pela tua divina graça, eu persevere nele, o que espero e desejo seja por toda a minha vida".

De acordo com a regra canossiana, os primeiros e os últimos votos estavam ligados; portanto, quando a lei canônica exigiu profissão perpétua, todas as irmãs canossianas na Congregação, em obediência à Igreja, repetiram seus votos perpétuos. Bakhita estava entre elas. Ela pronunciou seus votos finais em Mirano, Itália, em 10 de agosto de 1927.

Bakhita agora pertencia completamente a Jesus.

12
Tudo por Jesus

*B*akhita iniciou sua vida de irmã com a alegria e a confiança inspiradas em seu amor por Jesus. Ela ainda estava na escola onde tinha sido batizada e havia completado seu treinamento. Adorava sua capela, as irmãs, as estudantes e as pessoas que sustentavam a Congregação e seus ideais.

Naquele momento, Bakhita estava pronta para receber seu primeiro serviço. Qualquer que fosse ele, dispunha-se a aceitá-lo como vindo de Jesus, o Bom Mestre. A palavra para "mestre" no dialeto veneziano é *paron*. Jesus, seu *Paron*, a conduziria e lhe possibilitaria cumprir a vontade dele pelo resto da vida.

Em 1902, Irmã Bakhita soube que estava sendo transferida para Schio (pronuncia-se *Squio*). Trata-se de uma linda cidade no norte da Itália, rodeada de montanhas, aos pés dos Alpes. Era famosa por sua indústria de manufatura de lã. As irmãs canossianas tinham chegado a Schio em 1886, patrocinadas pela generosa dona da grande fábrica de lã, Luigia Rossi, que lhes doara terras.

As irmãs tinham-nas usado para desenvolver serviços missionários em uma cidade que as amava cada vez mais.

A Congregação inaugurou um jardim-de-infância e uma escola para os filhos dos trabalhadores da fábrica. Gradualmente, foi acrescentada uma escola secundária voltada para o treinamento de professores. Depois vieram escolas de bordados e confecções, um orfanato, uma pensão e uma escola dominical. Cada um destes trabalhos era uma parte da missão das irmãs canossianas.

Nesta atarefada comunidade haveria muito para Bakhita aprender e fazer. Ela estava emocionada e cheia de entusiasmo para realizar o trabalho do Senhor. Derramou algumas lágrimas ao abandonar sua amada escola, a Irmã Maria e a comunidade de irmãs em Veneza. Claro, sua viagem de fé, seu batismo e seu noviciado eram lembranças preciosas que a acompanhariam para Schio.

– Qualquer tarefa que me for dada eu a farei com muita disposição – disse ela a seus superiores.

E estava falando sério.

Entre as famílias espalhou-se a notícia de que uma nova irmã tinha chegado ao convento. Isso não era algo tão incomum. As irmãs canossianas eram transferidas para diversos conventos de acordo com as necessidades do trabalho apostólico. As pessoas da cidade estavam sempre ansiosas por conhecer as recém-chegadas. Mas esta irmã em particular despertava ainda maior interesse, porque era da África.

As informações chegavam lentamente para os vizinhos da Congregação. Ficaram sabendo de seu nome: Irmã Josefina Bakhita. "Bakhita", repetiam eles. Nunca tinham ouvido tal nome! Os que realizavam tarefas e negócios no convento a viram de relance. Notaram que era alta e esbelta. Ela caminhava graciosamente, embora com uma discreta coxeadura, seqüela de sua vida como escrava. Sua pele era escura.

– Escura como? – perguntavam os vizinhos curiosos aos que a tinham visto. – Negra. Cor de ébano – eram as respostas.

Irmã Bakhita tornou-se conhecida como *Irmã Moretta*, que significa "irmã negra". Este apelido afetuoso a acompanharia pelo resto da vida.

Bakhita era uma mulher adorável. Seus olhos castanhos, suaves e gentis. Seus lábios cheios se abriam facilmente em um sorriso, revelando lindos dentes brancos. Ela tinha um jeito calmo e parecia sempre satisfeita em fazer o que quer que fosse, a qualquer momento. Como usava a touca representativa de sua Congregação, as pessoas não podiam ver as espessas madeixas negras escondidas por baixo.

– Ela deve ter uma história interessante para nos contar – disse alguém, certa vez. – Como aconteceu de ela vir do Sudão para Schio?

– Ah, sim – concordou outro vizinho. – Deve ser uma história bem inspiradora. Espero que possamos ouvi-la em breve!

Pouco a pouco, a população de Schio conheceria a incrível história da *Irmã Moretta*.

Agora era hora de a Irmã Bakhita pôr em prática tudo o que havia aprendido durante seus anos de noviça. Um elemento essencial da espiritualidade canossiana é a boa vontade para fazer o que for necessário. Seu primeiro serviço no convento em Schio foi ajudar na cozinha. Ela seria assistida por um grupo de irmãs mais novas, que se revezariam.

Este era um trabalho novo e diferente para ela. Talvez esperasse continuar a fazer os bordados que tinha aprendido no convento em Veneza, mas não foi assim. Juntou-se alegremente ao pessoal da cozinha. Rapidamente percebeu a importância do seu trabalho. Três refeições diárias para as irmãs, as alunas internas e as irmãs na enfermaria exigiam energia e amor.

Bakhita era sensível e atenciosa. Seguia as instruções dos médicos com relação à dieta de cada paciente e ainda conseguia tempo para pensar em outras maneiras de tornar a vida mais agradável para todos. As irmãs e alunas logo aprenderam a reconhecer seu toque gentil. O exemplo mais notável disto tinha a ver com os longos e gélidos meses de inverno, quando, no norte da Itália, o clima é muito frio, freqüentemente com temperaturas abaixo de zero. Nesses dias, quando ainda não havia aquecimento central, os aposentos dos conventos, incluindo a sala de jantar, eram frios e com muitas correntes de ar.

Irmã Bakhita descobriu uma maneira de aliviar o inconveniente. Ela apressava-se para a cozinha de manhã cedo, logo depois da oração conjunta, e colocava as pilhas de pratos, tigelas e copos para aquecer perto do fogo da lareira. Assim, a comida e as bebidas chegavam bem quentinhas às irmãs e estudantes. E todas apreciavam isso!

Cinco anos depois, Irmã Bakhita assumiu a responsabilidade total pela administração da cozinha. As irmãs mais novas, em treinamento, eram designadas como ajudantes em período parcial. Às vezes, algumas delas, jovens e inexperientes, ofereciam idéias e sugestões. A amável irmã nunca sentia sua autoridade ameaçada; ao contrário, agradecia a cada uma e tentava pôr em prática as propostas.

Bakhita sempre pensava cuidadosamente em suas palavras e atos enquanto desempenhava suas funções. Era radical quanto a servir todas as refeições nas horas certas. Isto era pelo amor que tinha pelo Senhor, seu Mestre. Como lhe poderia dizer que alguma refeição não estaria pronta na hora certa? Suas refeições nunca se atrasavam!

Em 1910, a superiora da casa de Schio, Irmã Margherita Bonotto, fez um pedido a Bakhita:

– Irmã, você teve uma vida tão interessante e incomum. Você nos permitiria escrever sua história para que a Congregação guarde para sempre o registro dela?

Irmã Bakhita não conseguia imaginar por que alguém desejaria ler tal história, mas, sempre obediente, aceitou. Contou a história de sua vida à Irmã Teresa Fabris, que a escreveu. Este manuscrito de trinta e uma páginas, escrito em italiano, ainda está preservado nos arquivos históricos das irmãs canossianas em Roma. O relato forma a base de muito do que hoje conhecemos sobre o início da sua vida como escrava e a alegria que ela encontrou na fé.

Era essa paz de espírito que Bakhita pedia em oração e desejava ao mundo inteiro. Mas fora das portas do convento, a vida era tudo, menos pacífica...

13
Semeando a paz

*A*gosto de 1914. A Primeira Guerra Mundial tinha começado. Um país após outro se via arrastado para o conflito. Mesmo em seus mais sombrios dias de escravidão, Bakhita nunca havia testemunhado uma guerra. Contudo, já tinha ouvido falar delas e estremecia ante a idéia das grandes perdas de vidas humanas. "Senhor, por que nós, seres humanos, não podemos viver em paz uns com os outros?", perguntava.

Essa guerra iria afetar diretamente a comunidade de irmãs e alunas de Schio. As superioras receavam que, ao piorar a situação, elas corressem perigo. Algumas das irmãs e alunas foram levadas para Mirano. Ficariam ali até que a situação em Schio se mostrasse mais segura. Às irmãs que permaneceram, foi pedido para assumissem deveres adicionais para que a obra do Senhor prosseguisse.

Irmã Bakhita foi uma das que receberam novas atribuições. Ela foi nomeada sacristã e encarregada da capela. Seria sua responsabilidade prepará-la para os diversos cultos, incluindo o altar e os paramentos. Ela também mantinha a capela limpa e arrumada.

No princípio, Bakhita teve de admitir que sabia pouco dessa nova e tão importante tarefa. Mas estava ansiosa por aprender. Com o passar do tempo, absorvia a beleza calma da capela. Ela sabia de todo o coração que Jesus, seu Mestre, habitava ali, estava fisicamente presente no tabernáculo. Então, conversava com seu esposo e amigo, e também o ouvia.

❖ ❖ ❖

Enquanto a guerra se arrastava, o convento das irmãs foi transformado em hospital para os soldados feridos.

Irmã Josefina Bakhita continuou a cuidar da capela. Aqueles eram os momentos mais felizes do seu dia. Também trabalhou no hospital militar, conhecido como Hospital 55. Era muito sensível ao sofrimento dos soldados. Ela e todas as irmãs queriam ajudá-los a se sentirem seguros e a encontrar alívio para sua dor e cansaço.

Quando novas vítimas chegavam ao Hospital 55, sangrando e com muitas dores, Bakhita recordava seus dias de escravidão. Durante as caminhadas forçadas, ela só tinha podido chorar em seu coração pelos escravos adultos que carregavam fardos pesados que machucavam seus ombros e os deixavam exaustos. Agora, Irmã Bakhita sentia-se feliz por realmente poder ajudar os soldados feridos com suas orações e cuidados.

O Padre Bartolomeu Cesaretti, um franciscano, era o capelão do Hospital 55. Como havia poucos padres e era perigoso viajar em tempo de guerra, o Padre Bartolomeu também se tornou o capelão das irmãs canossianas. Seu serviço durou de 25 de novembro de 1916 a 18 de janeiro de 1919. Após a guerra, ele escreveria suas memórias em relação à Irmã Josefina Bakhita. Como ela cuidava da capela, com freqüência tinha de fazer perguntas ao padre. Ele se lembrava de que a jovem o questionava com muita humildade e simplicidade. Percebeu que desempenhava seus deveres com rigor e boa vontade.

Irmã Bakhita preparava o altar e os paramentos com cuidado. Muitas vezes ela murmurava orações curtas enquanto trabalhava. Era assim que ela se recordava da presença de Deus. E, ao fazer isso, também se esquecia dos que estavam a seu redor. Era uma mulher de grande fé. Até os soldados ficavam impressionados com seu exemplo.

Padre Bartolomeu escreveu: "Quando ela [a Irmã Bakhita] falava de Deus, parecia experimentar especial felicidade e consolo. Quando oficiais e soldados a abordavam, ela respondia sempre de uma maneira tão santa, que lembrava a todos da misericórdia de Deus. Era prudente, reservada e modesta com eles todos".

O capelão também notou que, se a Irmã Bakhita ouvisse palavras impróprias, não tinha medo de falar com franqueza. Era amável, mas firme e não poupava soldados ou oficiais. Confrontava os pecadores e desafiava-os a refletir como poderiam ter ofendido a Deus. Insistia com eles, sempre gentilmente, para se confessarem.

Irmã Bakhita era corajosa e honesta. Nunca hesitava em dizer o que uma pessoa precisava ouvir para o bem de sua alma. Qualquer um poderia não levar certas coisas em conta, mas não ela. "Essa irmã africana encoraja meu ministério", dizia o Padre Bartolomeu com um sorriso.

O padre também comentou sobre o estilo de vida das irmãs canossianas em Schio. Ele notava e admirava seu rigoroso espírito de pobreza. Os quartos eram pequenos, simples e arrumados, apenas com a mobília essencial: uma cama de madeira com um colchão de palha, uma cadeira e uma pequena mesa. Em uma parede havia uma imagem da abençoada Virgem Maria e um crucifixo. Como Bakhita não era professora em sua Congregação, seu quarto não tinha nem mesmo caneta, papel ou livros. Na sala comum – uma sala partilhada com as outras irmãs – no entanto, ela mantinha um pequeno cesto com fios de seda que utilizava para fazer lindos bordados.

Durante os anos da guerra, Bakhita sempre esteve ocupada, mas serena. Acabava suas próprias tarefas e freqüentemente se oferecia para ajudar outras irmãs em suas funções. Quando os soldados comentavam que ela trabalhava duro, ela tinha uma resposta simples para eles:

– Bem, Jesus também trabalhou!

❖ ❖ ❖

Finalmente, a guerra acabou. A vida aos poucos voltou ao normal. O Hospital 55 fechou e as irmãs canossianas retornaram às suas salas de aula. Em pouco tempo as crianças do jardim-de-infância recomeçaram a chegar diariamente, cada uma se agarrando firmemente à mão de sua mãe.

A escola agora tinha uma nova porteira: a Irmã Josefina Bakhita! As crianças olhavam para cima, com olhos arregalados, para a negra irmã africana. Ela possuía um lindo sorriso. As jovens mães e suas crianças adoravam ser cumprimentadas por ela. Também elas, afetuosamente, a chamavam de *Irmã Moretta*, a "irmã negra".

De vez em quando, uma mãe parava para conversar com a *Irmã Moretta*. Era tão fácil partilhar com ela seus problemas e medos! Bakhita sempre escutava com interesse, bondade e simpatia. Era como se tivesse o poder de tirar o fardo dos ombros das pessoas e tomá-los para si mesma. Quando a confidente fazia uma pausa e perguntava a Bakhita o que devia fazer, ela sempre respondia com palavras de fé e confiança em Deus. Sim, Deus ajudaria a pessoa a superar este problema e todos os outros que surgissem na vida. Segurava afetuosamente a mão da pessoa perturbada e sussurrava: "Coragem".

As mães contavam às amigas sobre a bondosa irmã africana. Também elas iam à escola esperando encontrar a *Irmã Moretta*. Às vezes queriam que rezasse por elas. Outras ocasiões, queriam que seus filhos conhecessem uma irmã da África. Bakhita saudava a todos com seu caloroso sorriso. Tímidas no início, as crianças logo descobriam que aquela amável irmã era uma maravilhosa contadora de histórias e uma boa amiga.

14
Uma história maravilhosa

O interesse por Bakhita espalhou-se para além de Schio. Uma jornalista amiga das irmãs canossianas quis encontrar-se com ela e entrevistá-la. Ida Zanolini pressentiu os argumentos para uma boa história e pediu permissão às superioras de Bakhita para se encontrar com ela. Esperava registrar os detalhes para a biografia da irmã.

A superiora-geral, Irmã Maria Cipolla, aprovou o pedido de Ida Zanolini. Deixou que Irmã Bakhita fosse em serviço temporário a Veneza para contar sua história. Ela, por sua vez, estava um pouco confusa com toda a agitação associada à sua futura entrevista. Enquanto arrumava sua pequena mala para partir, ponderava o que seria exatamente uma entrevista e como seria feita.

Bakhita deixou Schio rumo a Veneza em 29 de novembro de 1929. Havia entendido que o tópico da entrevista seria a história de sua vida. Franziu as sobrancelhas enquanto viajava em silêncio. "Por que Ida Zanolini quer publicar a história da minha vida?", perguntou a si mesma. "Afinal, o que há para contar?" Bakhita sorriu. "Aconteça o que acontecer", murmurou, "o Senhor cuidará de tudo". E ele assim fez.

A primeira entrevista transformou-se em muitas outras. A jornalista pretendia transformar suas notas em um manuscrito intitulado "Uma história maravilhosa". Começaria com o rapto de Bakhita aos sete anos e terminaria com sua recepção ao noviciado canossiano.

Ida Zanolini e Irmã Bakhita gostaram imediatamente uma da outra. Ambas se sentiram à vontade. Enquanto a jornalista lhe fazia perguntas, as lembranças de Bakhita começaram a surgir em frases. À medida que revivia os anos de escravidão, relembrava os horrores sobre os quais não pensava havia anos. Nos breves momentos em que Ida Zanolini registrava rapidamente as informações, Bakhita erguia seu coração a Deus em orações de gratidão por todas as suas bênçãos.

"Uma história maravilhosa" foi publicada pela primeira vez em forma de seriado em 1931, na revista missionária das irmãs canossianas chamada *Vida Canossiana*. A revista, editada mensalmente desde 1927, foi muito bem recebida pelo público, que ficou maravilhado e profundamente emocionado com a história de Bakhita. Um leitor, senhor Bruner, era fotógrafo profissional em

Trento, Itália. Ele ficou tão cativado pela história da irmã africana, que foi conhecê-la pessoalmente. Descobriu que ela era tudo o que Ida Zanolini descrevera. Honrou Bakhita da melhor maneira que podia: fotografou-a.

Mais tarde, nesse mesmo ano, "Uma história maravilhosa" tornou-se um livro popular. Apesar das atenções, Irmã Josefina Bakhita permaneceu humilde como sempre. Mas este episódio levou suas superioras a perceber o bem que ela podia fazer ao dar testemunho de sua vocação como irmã e missionária religiosa.

Por ser quem era, podia conscientizar as pessoas de que havia todo um continente que ainda esperava pela mensagem do Evangelho. Disso derivou seu novo serviço. A madre superiora perguntou-lhe se estaria disposta a dar palestras para as irmãs da Congregação, noviças, alunas e suas famílias e em diversos conventos por toda a Itália. "Imaginem!", pensou Bakhita. Seu italiano era tão rudimentar quanto o restante de sua educação. Como o público poderia aceitá-la? Ela certamente não era uma oradora profissional! Mas estas preocupações não eram importantes. O importante era a obediência que devia a sua superiora. Isso Bakhita entendeu, e se dispôs a fazê-lo de todo o coração.

Em 1933, a irmã africana iniciou sua nova tarefa de dar palestras vocacionais para públicos reunidos em conventos canossianos por toda a Itália. A princípio ela estava receosa, mas isso não a impediu. Era tímida, mas estava aberta à surpresa de resultados positivos que sabia que Deus podia fazer acontecer. Sua companheira de viagem era uma canossiana, Irmã Leopolda Benetti.

Antes deste serviço com Bakhita, Irmã Leopolda tinha sido missionária na China por trinta e seis anos. Agora ela estava igualmente empenhada em lançar-se nesta forma particular de trabalho missionário. Juntas, planejavam as apresentações.

Era basicamente assim: Irmã Leopolda começava apresentando Bakhita como "um testemunho vivo da fé". Em seguida, falava sobre a vocação canossiana e as missões no país e no exterior. Isto criava expectativa, enquanto o público esperava pacientemente para que "a irmã africana" tomasse a palavra. Ela parecia sempre muito serena ao se aproximar o momento de falar. O público jamais poderia imaginar como era difícil para ela ver aquele mar de gente, todos olhando fixamente para ela, esperando por suas palavras. Mas Bakhita realmente encontrava as palavras. Confiava que as palavras fossem as que o Senhor queria que ela dissesse e que as pessoas precisavam ouvir.

As duas dedicadas missionárias viajaram pela Itália afora, de convento em convento. Sempre havia um público interessado aguardando. Alguns grupos pediam à Irmã Bakhita para subir ao palco a fim de ser mais bem-vista e ouvida. Com muita simplicidade, ela subia os degraus e enfrentava o grupo. O que esperavam era um longo sermão, tais como aqueles da missa de domingo. Em vez disso, escutavam palavras simples que resumiam o sentimento de seu próprio coração:

Sejam bons, amem o Senhor,
rezem pelas almas infelizes
que ainda não o conhecem.
Que graça é conhecer a Deus!

Cada palavra tinha um significado precioso para Bakhita. Havia sentido o peso delas em sua própria vida. Ela as vivia em sua alma. Imaginem o que passava por sua mente quando dizia: "Que graça é conhecer a Deus!". Todos os momentos que vivera na escravidão, não amada e agredida, atravessavam dolorosamente suas lembranças. Nesses tempos obscuros, ela nem sequer conhecia a Deus diretamente. Então, pela misericórdia do Senhor, foi tocada por seu infinito amor. Quando dizia: "Que graça é conhecer a Deus!", queria expressar exatamente isso.

Em uma reunião, alguém perguntou a Irmã Bakhita:

– O que você faria se encontrasse seus captores agora?

Sem hesitação, respondeu:

– Se encontrasse esses mercadores de escravos que me raptaram e mesmo os que me torturaram, eu me ajoelharia e beijaria suas mãos porque, se tudo aquilo não tivesse acontecido, hoje eu não seria cristã nem religiosa.

Bakhita era um testemunho vivo do poder do perdão.

15
Guerra... Outra vez!

Durante essa época intrépida na vida de Bakhita, ela passou um período de dois anos no convento missionário da Congregação em Milão. Ali, jovens interessadas na vida religiosa e missionária recebiam treinamento como irmãs.

Irmã Bakhita estava impressionada com o entusiasmo das jovens que se preparavam para terras missionárias. Elas queriam levar o Evangelho a pessoas que ainda não tinham ouvido a Palavra do Senhor. A Bakhita foi atribuída a função de porteira, uma tarefa na qual era excelente. A este convento chegava menos gente do que a Schio. Ali ela cumprimentava os pais ou parentes próximos das noviças.

Os pais tinham reações diferentes às vocações de suas filhas. Alguns estavam entusiasmados; outros, hesitavam. Sentiam-se honrados por suas filhas terem escolhido a vida religiosa, mas queriam que elas servissem a Deus mais perto de casa, em seu próprio país. Por que tinham que ir para a Índia ou China? O povo da Itália também não precisava da mensagem do Evangelho?

As pessoas que batiam à porta do convento em Milão muitas vezes estavam perturbadas. Bakhita as olhava com seus gentis olhos escuros e as tranqüilizava. Também prometia orações. E encorajava as jovens a serem alegres e generosas ao viverem sua vocação religiosa.

❖ ❖ ❖

Irmã Bakhita foi transferida de volta para sua querida Schio em 1939. Finalmente havia completado suas visitas aos conventos da Congregação na Itália. Era maravilhoso estar de volta! Schio tinha se tornado muito especial para ela, e ela para as pessoas. Bakhita, amadurecida, assumiu suas tarefas domésticas com o entusiasmo habitual. Mas nem tudo estava bem com o mundo.

Tinham-se passado pouco mais de duas décadas desde o fim da Primeira Guerra Mundial. Contudo, corriam rumores ansiosos pela Europa sobre a chegada da Segunda Guerra Mundial. Será que podia realmente acontecer?

Em setembro de 1939, o que se temia tornou-se realidade. A Itália conseguiu permanecer neutra por sete meses. Em junho de 1940, no entanto, também foi arrastada para o conflito. A Segunda Guerra Mundial durou até 1945.

As irmãs canossianas, como todos os italianos, sofreram os efeitos da guerra. Irmã Bakhita também sofreu por seu país adotivo. Ela rezava pela paz.

Schio não seria poupada de alguns desafios durante a Segunda Guerra Mundial. Motores de aviões roncavam por cima das cabeças enquanto, embaixo, as pessoas corriam para abrigos. Bombas podiam cair a qualquer hora do dia ou da noite. O medo espreitava os lares e as fábricas. Às vezes, os aviões invasores passavam bem perto e lançavam-se sobre alvos mais distantes. Conforme os dias escureciam com a fúria da guerra, maridos e filhos eram recrutados e partiam. Muitos deles nunca voltariam. Enquanto Schio sofria, *Irmã Moretta* também padecia. Ela rezava por seu povo e por todo o mundo.

Com o arrastar da guerra, os bens de primeira necessidade começaram a rarear. As irmãs, que já tinham um estilo de vida pobre e simples, viam-se agora enfrentando falta de água, comida e outros artigos básicos. Mas a dedicada comunidade estava determinada a manter sua escola aberta enquanto as alunas fossem capazes de freqüentá-la. Bakhita continuava ocupando-se das tarefas domésticas do convento.

O toque agudo das sirenes de ataques aéreos era freqüente. Os nervos desgastados estavam sempre à flor da pele e os cidadãos de Schio corriam para se abrigar. Enquanto todos se espalhavam, Bakhita continuava com o que estava fazendo.

– Esconda-se, Irmã Bakhita, proteja-se! – apressavam-na as amigas.

Sua resposta era sempre a mesma:

– Deixem que eles disparem. O Senhor controla seus alvos.

A guerra parecia infindável. Os moradores de Schio, preocupados e cansados, encorajavam-se uns aos outros. As bombas continuavam a cair, mas muitas não explodiam. Quando explodiam, em geral, havia poucas vítimas.

Certa vez, uma ala inteira da grande fábrica de lã foi atingida.

– *Irmã Moretta* está conosco! – as pessoas asseveravam umas às outras. – Ela é uma santa e nos protege do desastre.

Milagrosamente, ninguém morreu ou foi ferido como resultado do bombardeio da fábrica. Enquanto Irmã Bakhita rezava e fazia seu trabalho com o coração de uma missionária, o povo de Schio depositava nela sua confiança. Com a continuidade da guerra, muitos se agarraram à esperança que acreditavam alcançá-los de uma maneira especial por dom da *Irmã Moretta*.

– Confiem em Deus! – dizia Bakhita repetidamente. – Se fizerem isso, vocês o tratarão verdadeiramente como Deus!

16
Sombras de alegria eterna

A guerra foi terrível, mas não podia aniquilar a alegria que vem de Deus. Em 1943, Irmã Bakhita festejou seu qüinquagésimo aniversário de vida religiosa. Ela havia vivido cinqüenta anos de devotada consagração a Deus por meio de Jesus e o Espírito Santo. Era uma ocasião maravilhosa e os tensos acontecimentos mundiais não iriam impedir a celebração! As irmãs decidiram que nesse dia especial a guerra seria ignorada.

A capela estava decorada com lindos arranjos de flores. A cidade inteira chegou ao convento a tempo da cerimônia. Irmã Bakhita foi conduzida ao lugar de honra que lhe tinha sido atribuído junto ao altar. Ajoelhou-se em uma almofada de seda. Depois da missa celebrada pelo bispo, todos congratularam sua querida *Irmã Moretta*. Bakhita apreciou tudo e agradeceu ao Senhor.

As irmãs distribuíram uma pequena imagem como lembrança do dia. A citação na parte de trás da imagem era um tributo à bondade de Deus. Dizia que a irmã Bakhita:

*Tinha sido arrancada do deserto africano
para ser plantada em solo cristão,
para tornar-se a livre escrava daquele
que torna nossos fardos leves
e nosso jugo, suave.*

Todos agarraram suas cópias da imagem e agradeceram a Irmã Bakhita pela bênção que ela representava em suas vidas. Ela sorriu e abraçou calorosamente seus amigos, embora tivesse que admitir que estava um pouco confusa com toda a agitação. O Senhor deve ter trabalhado duro nesse dia, porque a guerra não interferiu na celebração nenhuma vez sequer.

❖ ❖ ❖

A saúde de Bakhita dava mostras de fraqueza, apesar das orações das irmãs e da cidade. As superioras ficaram preocupadas com sua condição e procuraram ajuda médica. Havia algum tempo que a irmã da África vinha ficando incomodada com o frio congelante dos longos invernos italianos. Era muito diferente do sol escaldante do Sudão.

Ela sentia dores nas juntas e era-lhe cada vez mais difícil respirar, como se o frio que tinha sentido um dia se recusasse a largá-la. Também uma tosse a acompanhava pelos corredores do convento.

O médico examinou Irmã Bakhita e diagnosticou-lhe artrite, asma, bronquite e pneumonia. As práticas médicas e tratamentos utilizados hoje para estas enfermidades não estavam disponíveis naquela época.

Bakhita tomava remédios caseiros que, pelo menos, lhe davam alívio temporário. Também começou a usar uma bengala, mas logo deixou de ser suficiente para lhe garantir o equilíbrio. As irmãs providenciaram-lhe uma cadeira de rodas, que tornou menos doloroso o deslocamento pelos corredores e salas. A única coisa que Bakhita não aprovava era que alguém a empurrasse, mas era praticamente impossível manejar sozinha a pesada cadeira de rodas daqueles tempos.

E a irmã, idosa, percebeu que seus dias atarefados e cheios de energia tinham chegado ao fim. Sentia-se atraída pela capela onde Jesus, presente no Abençoado Sacramento, aguardava. Então, suas companheiras a conduziam para lá e a deixavam em um lugar escolhido. Não podia sentir-se mais feliz!

Um dia em particular, houve uma confusão. Cada uma das irmãs achou que a outra havia levado Irmã Bakhita de volta para o quarto e, depois de horas, de repente, se deram conta de que ela ainda devia estar na capela. Uma delas correu para socorrê-la.

– Sinto muito – disse aflita a irmã. – Você ficou aqui tanto tempo. Deve estar exausta!

– Oh, não – respondeu Irmã Bakhita com um sorriso. – Passei momentos maravilhosos com Jesus!

❖ ❖ ❖

Durante as semanas seguintes, a saúde da Irmã Bakhita continuou a piorar. Ela contraiu uma inflamação aguda nos pulmões, que lhe dificultava a respiração. Doutor Bertoldi, o médico que a atendeu, explicou-lhe e às irmãs que sua condição era grave. Bakhita não pareceu surpresa. Ela pediu para receber os sacramentos de penitência, eucaristia e a unção dos doentes, enquanto ainda estava consciente. Embora estivesse muito mal, conseguiu seguir todas as orações. Uma das irmãs lembrou uma breve conversa com Bakhita que aconteceu pouco depois.

– Como você se sente? – perguntou a irmã e acrescentou: – Hoje é sábado.

– Ah, sim – respondeu prontamente Bakhita. – Estou tão feliz. Nossa Senhora... Nossa Senhora! – e sorriu.

Aquelas foram as últimas palavras de Bakhita. Ela morreu em 8 de fevereiro de 1947. Seu caixão aberto permaneceu na capela durante três dias. O funeral seria celebrado na manhã de 11

"Passei momentos maravilhosos com Jesus!"

de fevereiro. Enquanto isso, o povo de Schio, sua querida família, foi prestar-lhe tributo. As crianças não sentiam medo da irmã falecida. Suas mães pegavam as mãos de Bakhita e punham-nas sobre a cabeça de seus filhos. Era uma última bênção, um último toque gentil da querida *Irmã Moretta*.

Na noite de 10 de fevereiro, o caixão devia ser fechado e selado. Os trabalhadores da fábrica de lã enviaram uma mensagem urgente ao convento: seu turno só terminaria às onze horas da noite. Será que o caixão poderia permanecer aberto até mais tarde? Será que a *Irmã Moretta* esperaria por eles? Claro que sim! A irmã africana, que tinha sido tão graciosa por toda a sua vida, acolheria os cansados trabalhadores. Eles se enfileiraram junto ao caixão dela naquela noite, de coração agradecido e amoroso.

Apesar do frio penetrante, uma enorme multidão compareceu ao funeral. Depois da missa fúnebre, Irmã Bakhita foi sepultada na cripta funerária da família Gasparella, amigos da Congregação Canossiana. Hoje, seus restos descansam em uma urna de vidro, sob o altar de seu querido convento canossiano em Schio.

Bakhita foi beatificada pelo Papa João Paulo II em 17 de maio de 1992, em reconhecimento à sua vida vivida de maneira heróica. Ele também a canonizou na festa de Santa Teresa de Lisieux, em 1º de outubro de 2000, por suas virtudes, dignas de imitação.

Oração

Santa Bakhita, é tão fácil amá-la e tão difícil esquecê-la! Você tem muitas lições para ensinar a cada um de nós. O sofrimento e a tristeza a maltrataram quando jovem. Você sabe o que é ter sede de bondade e verdade, especialmente a Verdade Eterna, e nos ensina a ter esperança, a confiar e a seguir em frente sem nunca desistir.

É tão fácil acreditar que os outros estão melhores do que nós, têm mais do que nós e acham a vida mais fácil e divertida do que nós! Poucas pessoas sofreram mais do que você, Santa Bakhita. Poucas pessoas tiveram uma vida mais difícil que a sua. Mas você encontrou paz e liberdade em Jesus crucificado e ele a ensinou o valor de toda a dor humana. Jesus concedeu-lhe dons de sabedoria, compaixão e um grande coração capaz de amar e perdoar a todos, mesmo os que a trataram cruelmente e escravizaram.

Você nunca cedeu a pensamentos de vingança. Qualquer que fosse o peso de seus problemas, agarrava-se a Jesus e ele cuidava de você. Ensine-me, ensine a todos nós a sermos como você, Santa Bakhita. Amém!

Sumário

1. Raptada 5

2. Rápida fuga 13

3. O erro de Bakhita 21

4. Comprada e vendida outra vez 27

5. Fique feliz e em paz! 33

6. A longa viagem 39

7. Um novo lar 45

8. Os elos de uma corrente 49

9. O grande dia 55

10. Uma atração especial 61

11. Pertencendo ao Senhor 65

12. Tudo por Jesus 71

13. Semeando paz 77

14. Uma história maravilhosa 83

15. Guerra… Outra vez! 89

16. Sombras de alegria eterna 93

Oração 101

Rua Dona Inácia Uchoa, 62
04110-020 – São Paulo – SP (Brasil)
Tel.: (11) 2125-3500
http://www.paulinas.com.br – editora@paulinas.com.br
Telemarketing e SAC: 0800-7010081